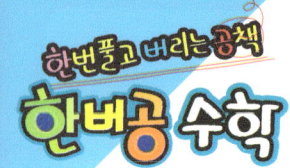

한버공 수학 단계별 교재내용

A1.	다각형 알기 도형 자르기 종이띠 겹치기 색종이 겹치기	**B1.**	두자릿수 만들기 도미노 연결놀이 홀수 짝수 알기 코딩 알기	**C1.**	모양 스도쿠 알기 십자 마방진 삼각 마방진 마방진
A2.	교차점 알기 색깔바구니와 구슬놀이 숫자 찾기 구슬 세기	**B2.**	빨노파 길찾기 가로등 불켜기 공필름 겹치기 길찾기	**C2.**	종이띠 색 구별하기 고리 연결하기 확대 알기 축소 알기
A3.	참, 거짓 알기 합집합 알기 차집합 알기 교집합 알기	**B3.**	뫼비우스의 띠 알기 원판 쌓기 OX연결 놀이 구슬 나누기	**C3.**	수직선 건너뛰기 수의 규칙 알기 주사위 눈의 합 놀이 둘레 비교하기
A4.	테트로미노 만들기 바둑돌 감싸기 좌표 알기 위치 기억하기	**B4.**	선대칭 알기 평행이동 알기 색도미노 연결하기 도형 연결하기	**C4.**	도형의 둘레 알기 눈금없는 자 놀이 직사각형 개수세기 같은 모양으로 나누기

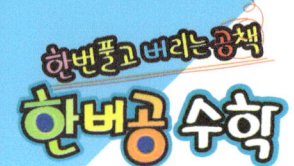

1. 계산 위주의 교재가 아닙니다.

사칙연산을 반복적으로 하는 기존의 유아 수학 교재의 틀을 벗어난
새롭게 접근하는 사고력 위주의 교재입니다.

2. 영재 교육 과정 수학 교재입니다.

공간 지각력, 추리력, 분석력 등의 문제 유형을 다루는 영재교육과정
수학 교재입니다.(도형 자르기, 교집합 알기, 좌표 알기, 뫼비우스의 띠 알기 등)

3. 상위 10%의 유아 영재를 위하여 구성하였습니다.

간단한 덧셈, 뺄셈은 물론 수 세기(50까지) 등을 알고 있다는 전제 하에
한차원 높은 사고력 위주의 문제들을 다룹니다.

4. 문제의 접근 방식이 다양합니다.

한가지 주제에 대해 다양한 방법으로 문제를 제시하기 때문에
사고력의 틀이 저절로 형성됩니다.

수직선 건너뛰기

● 0에서 출발하여 1칸씩 건너뛰는 수직선을 관찰하시오.

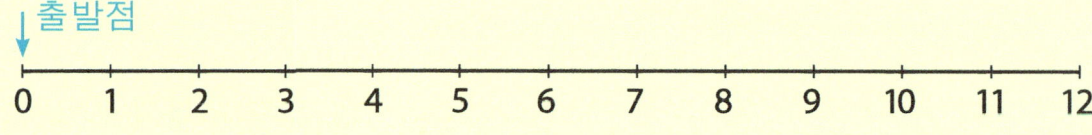

★ 수직선은 오른쪽으로 수가 커집니다.

수직선 건너뛰기

- 아래 수직선은 0에서 출발하여 2칸씩 건너뜁니다. 빈칸에 알맞은 수를 쓰시오.

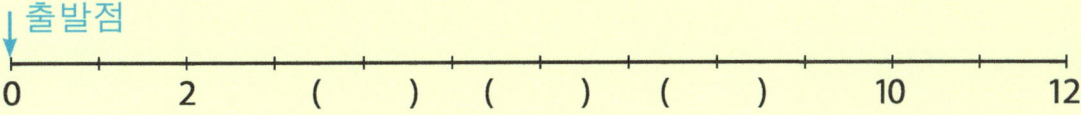

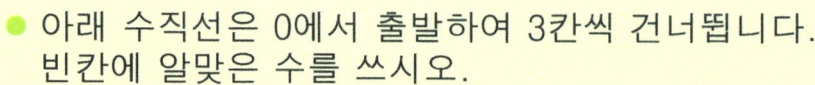

- 아래 수직선은 0에서 출발하여 3칸씩 건너뜁니다.
  빈칸에 알맞은 수를 쓰시오.

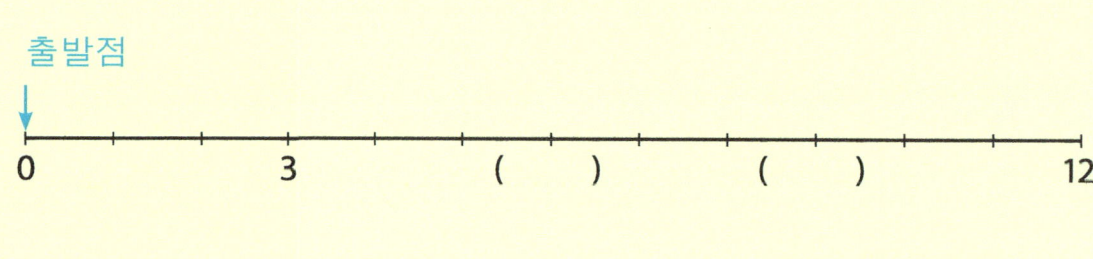

수직선 건너뛰기

- 아래 수직선은 0에서 출발하여 4칸씩 건너뜁니다. 빈칸에 알맞은 수를 쓰시오.

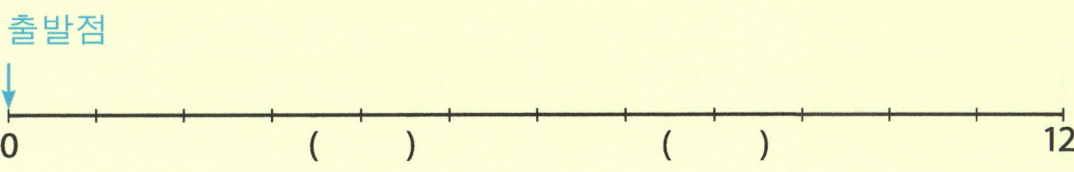

수직선 건너뛰기

- 아래 수직선은 0에서 출발하여 5칸씩 건너뜁니다. 빈칸에 알맞은 수를 쓰시오.

출발점
0   (   )   (   )

수직선 건너뛰기

● 아래 수직선에서 0에서 출발하여 2칸씩 1번 건너뛰었을 때의 수에 ○표 하시오.

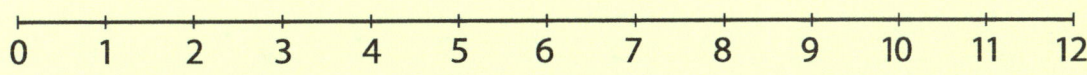

① 2 ( )

② 4 ( )

수직선 건너뛰기

● 아래 수직선에서 0에서 출발하여 2칸씩 2번 건너뛰었을 때의 수에 ○표 하시오.

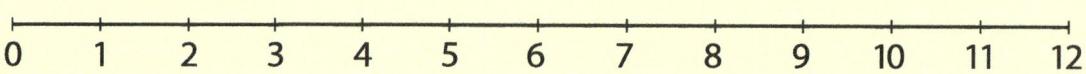

① 3 ( )

② 4 ( )

수직선 건너뛰기

● 아래 수직선에서 0에서 출발하여 2칸씩 3번 건너뛰었을 때의 수에 ○표 하시오.

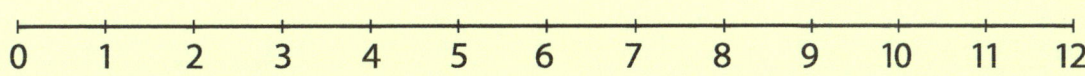

① 5 ( )

② 6 ( )

수직선 건너뛰기

● 아래 수직선에서 0에서 출발하여 2칸씩 4번 건너뛰었을 때의 수에 ○표 하시오.

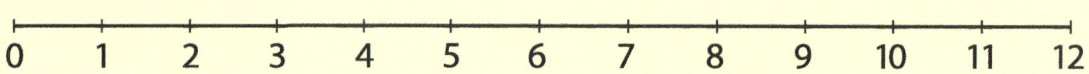

① 7 (   )

② 8 (   )

수직선 건너뛰기

● 아래 수직선에서 0에서 출발하여 2칸씩 5번 건너뛰었을 때의 수에 ○표 하시오.

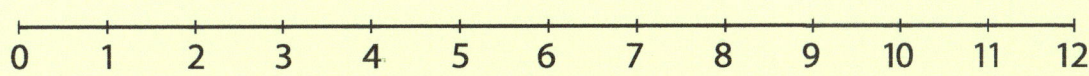

① 9 ( )

② 10 ( )

수직선 건너뛰기

● 아래 수직선에서 0에서 출발하여 3칸씩 2번 건너뛰었을 때의 수에 ○표 하시오.

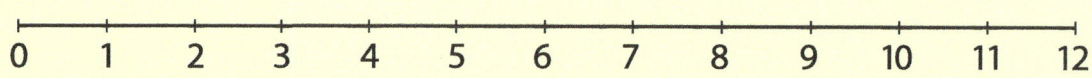

① 6 ( )

② 8 ( )

수직선 건너뛰기

● 아래 수직선에서 0에서 출발하여 4칸씩 2번 건너뛰었을 때의 수에 ○표 하시오.

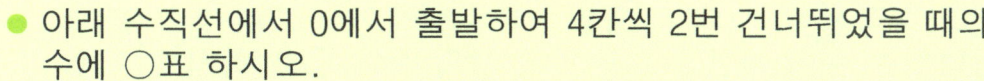

① 6 ( )

② 8 ( )

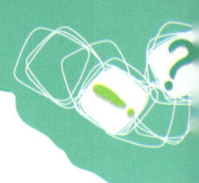

수직선 건너뛰기

● 아래 수직선에서 0에서 출발하여 2칸씩 건너뛰는 수와 3칸씩 건너뛰는 수가 처음으로 만났을 때의 수에 ○표 하시오.

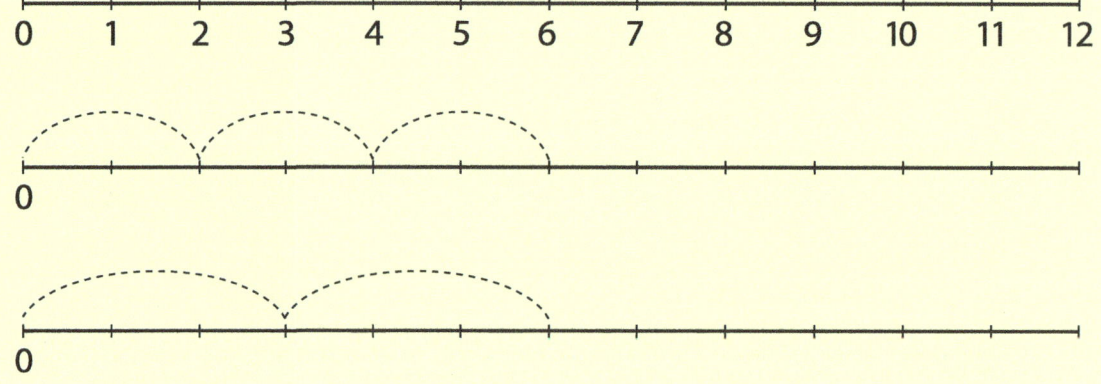

① 3 ( )

② 6 ( )

★위처럼 만나는 수를 2와 3의 '공배수(공통된 배수)'라고 합니다.

수직선 건너뛰기

● 아래 수직선에서 0에서 출발하여 2칸씩 건너뛰는 수와 4칸씩 건너뛰는 수가 처음으로 만났을 때의 수에 ○표 하시오.

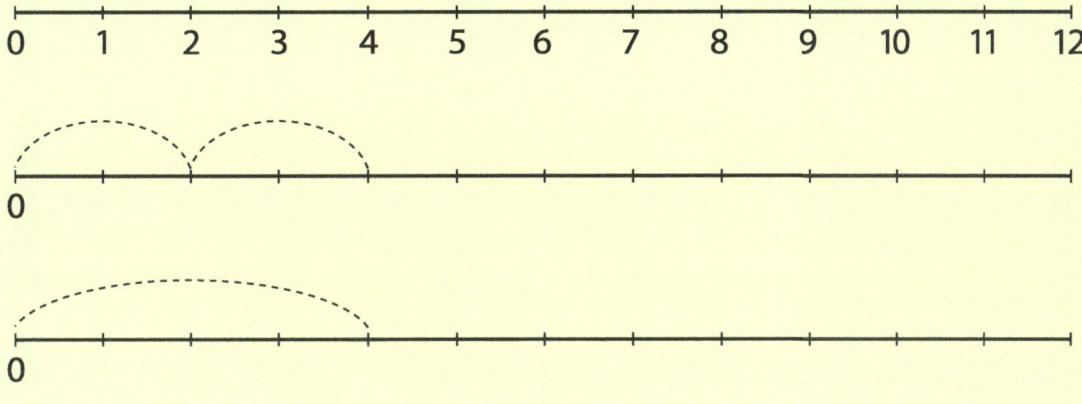

① 4 ( )

② 8 ( )

★ 위처럼 만나는 수를 2와 4의 '공배수(공통된 배수)'라고 합니다.

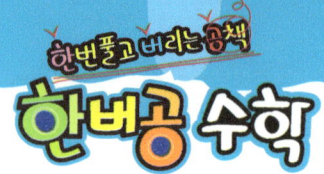

해답과 풀이

수직선 건너뛰기 03쪽
0 — 2 — (4) — (6) — (8) — 10 — 12

수직선 건너뛰기 04쪽
0 — 3 — (6) — (9) — 12

수직선 건너뛰기 05쪽
0 — (4) — (8) — 12

수직선 건너뛰기 06쪽
0 — (5) — (10)

수직선 건너뛰기 07쪽
① 2 (○) 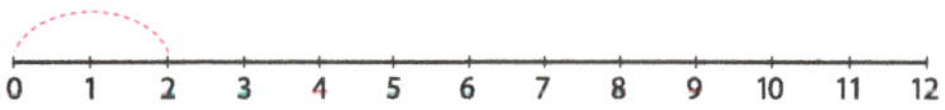

수직선 건너뛰기 08쪽 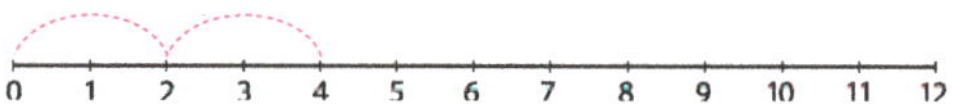
② 4 (○)

수직선 건너뛰기 09쪽 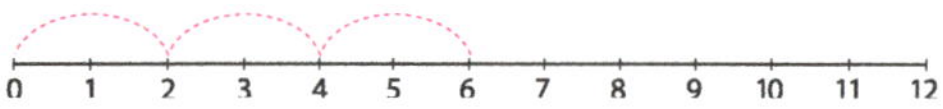
② 6 (○)

수직선 건너뛰기 10쪽 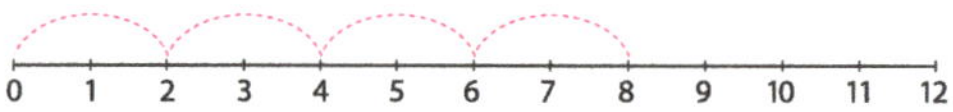
② 8 (○)

수직선 건너뛰기 11쪽 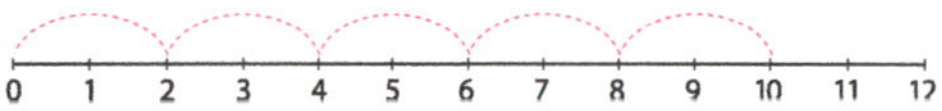
② 10 (○)

수직선 건너뛰기 12쪽 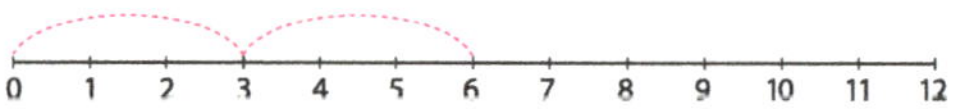
① 6 (○)

수직선 건너뛰기 13쪽 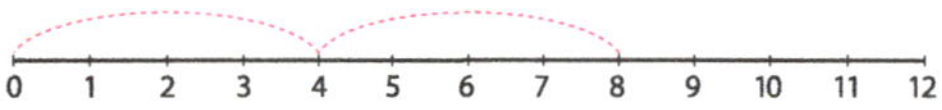
② 8 (○)

수직선 건너뛰기 14쪽 
② 6 (○)

수직선 건너뛰기 15쪽 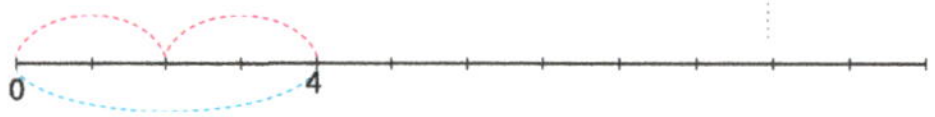
① 4 (○)

수의 규칙 알기

● 수의 규칙을 찾아 빈칸에 알맞은 수를 쓰시오.

1　　2　　3　　(　)　　5

6　(　)　(　)　(　)　10

수의 규칙 알기

● 수의 규칙을 찾아 빈칸에 알맞은 수를 쓰시오.

1 3 5 ( ) 9

( ) ( ) ( ) 17 19

수의 규칙 알기

● 수의 규칙을 찾아 빈칸에 알맞은 수를 쓰시오.

2   4   6   ( )   10

( )   ( )   16   18   20

수의 규칙 알기

● 수의 규칙을 찾아 빈칸에 알맞은 수를 쓰시오.

0   3   6   ( )   ( )

15   18   21   24   27

수의 규칙 알기

● 수의 규칙을 찾아 빈칸에 알맞은 수를 쓰시오.

1   4   7   ( ) ( )

16   19   22   25   28

★ 앞의 숫자에 3을 더하면 뒤의 숫자가 됩니다.

수의 규칙 알기

● 수의 규칙을 찾아 빈칸에 알맞은 수를 쓰시오.

1 5 9 ( ) 17

21 25 29 33 37

★ 앞의 숫자에 4를 더하면 뒤의 숫자가 됩니다.

수의 규칙 알기

- 수의 규칙을 찾아 빈칸에 알맞은 수를 쓰시오.

2   1   2   1   2

1 ( ) ( ) 2   1

★2, 1 이 반복됩니다.

수의 규칙 알기

● 수의 규칙을 찾아 빈칸에 알맞은 수를 쓰시오.

2   5   1   2   5

1   ( ) ( ) 1   2

★2, 5, 1 이 반복됩니다.

수의 규칙 알기

● 수의 규칙을 찾아 빈칸에 알맞은 수를 쓰시오.

   2   5   7   2   5

( ) ( ) 5   7   2

수의 규칙 알기

● 수의 규칙을 찾아 빈칸에 알맞은 수를 쓰시오.

   3   2   4   3   2

( ) ( ) 2   4   3

수의 규칙 알기

● 수의 규칙을 찾아 빈칸에 알맞은 수를 쓰시오.

1 3 3 1 3

3 1 3 ( ) 1

수의 규칙 알기

● 수의 규칙을 찾아 빈칸에 알맞은 수를 쓰시오.

1   2   1   1   2

1   1   2   ( )   1

수의 규칙 알기

- 수의 규칙을 찾아 빈칸에 알맞은 수를 쓰시오.
  (이 수의 규칙은 앞의 수를 두 번 더해서 다음 수가 됩니다.)

1+1=2   4+4=8

1   2   4   ( )

2+2=4

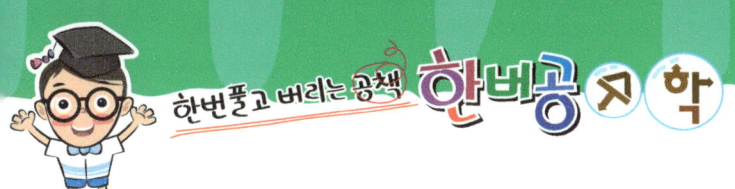

수의 규칙 알기

● 수의 규칙을 찾아 빈칸에 알맞은 수를 쓰시오.
  (이 수의 규칙은 앞의 두 수를 더해서 다음 수가 됩니다.)

앞의 두 수를 더해서 다음 수가 됩니다.

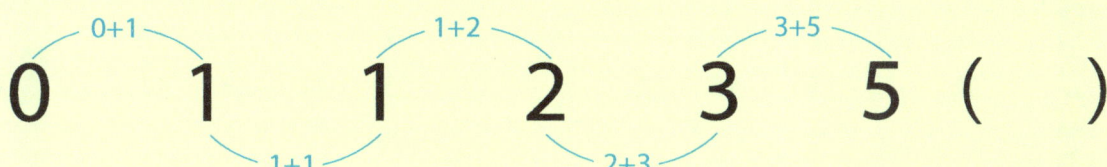

★ 위와 같은 수의 규칙을 '피보나치 수열'이라고 합니다.

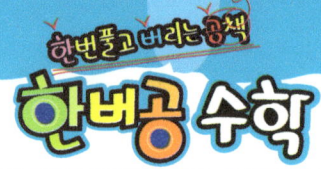

해답과 풀이

수의 규칙 알기 02쪽

1　2　3　(4)　5
6　(7)　(8)　(9)　10

수의 규칙 알기 03쪽

1　3　5　(7)　9
(11)　(13)　(15)　17　19

수의 규칙 알기 04쪽

2　4　6　(8)　10
(12)　(14)　16　18　20

수의 규칙 알기 05쪽

0　3　6　(9)　(12)
15　18　21　24　27

수의 규칙 알기 06쪽

1　4　7　(10)　(13)
16　19　22　25　28

수의 규칙 알기 07쪽

1　5　9　(13)　17
21　25　29　33　37

수의 규칙 알기 08쪽

2　1　2　1　2
1　(2)　(1)　2　1

수의 규칙 알기 09쪽

2　5　1　2　5
1　(2)　(5)　1　2

수의 규칙 알기 10쪽

2　5　7　2　5
(7)　(2)　5　7　2

수의 규칙 알기 11쪽

3　2　4　3　2
(4)　(3)　2　4　3

수의 규칙 알기 12쪽

1　3　3　1　3
3　1　3　(3)　1

수의 규칙 알기 13쪽

1　2　1　1　2
1　1　2　(1)　1

수의 규칙 알기 14쪽

1　2　4　(8)

수의 규칙 알기 15쪽

0　1　1　2　3　5　(8)

 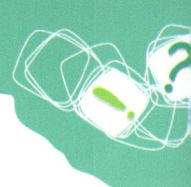

주사위 눈의 합 놀이

● 주사위의 눈은 모두 1~6까지 입니다. 주사위 눈의 수를 모두 쓰시오.

1, 2, 3, (   ), (   ), (   )

주사위 눈의 합 놀이

- 2개의 주사위를 던져 눈의 합이 2가 나오는 경우는 모두 1가지 입니다. 빈칸에 알맞은 수를 쓰시오.

( ) + ( ) = 2

주사위 눈의 합 놀이

● 2개의 주사위를 던져 눈의 합이 3이 나오는 경우는 모두 2가지입니다. 빈칸에 알맞은 수를 쓰시오.

( ) + ( ) = 3

( ) + ( ) = 3

주사위 눈의 합 놀이

● 2개의 주사위를 던져 눈의 합이 4가 나오는 경우는 모두 3가지 입니다. 빈칸에 알맞은 수를 쓰시오.

(1) + (3) = 4

(2) + (2) = 4

(   ) + (   ) = 4

주사위 눈의 합 놀이

● 2개의 주사위를 던져 눈의 합이 5가 나오는 경우는 모두 4가지입니다. 빈칸에 알맞은 수를 쓰시오.

(1) + (4) = 5

(4) + (1) = 5

(2) + (3) = 5

(   ) + (   ) = 5

주사위 눈의 합 놀이

● 2개의 주사위를 던져 눈의 합이 6이 나오는 경우는 모두 5가지 입니다. 빈칸에 알맞은 수를 쓰시오.

(1) + (5) = 6
(5) + (1) = 6
(2) + (4) = 6
(4) + (2) = 6
(　) + (　) = 6

주사위 눈의 합 놀이

● 2개의 주사위를 던져 눈의 합이 7이 나오는 경우는 모두 6가지입니다. 빈칸에 알맞은 수를 쓰시오.

(1) + (6) = 7
(6) + (1) = 7
(2) + (5) = 7
(5) + (2) = 7
(　) + (　) = 7
(　) + (　) = 7

주사위 눈의 합 놀이

● 2개의 주사위를 던져 눈의 합이 8이 나오는 경우는 모두 5가지입니다. 빈칸에 알맞은 수를 쓰시오.

(2) + (6) = 8
(6) + (2) = 8
(3) + (5) = 8
(   ) + (   ) = 8
(   ) + (   ) = 8

주사위 눈의 합 놀이

● 2개의 주사위를 던져 눈의 합이 9가 나오는 경우는 모두 4가지 입니다. 빈칸에 알맞은 수를 쓰시오.

(3) + (6) = 9

(6) + (3) = 9

(   ) + (   ) = 9

(   ) + (   ) = 9

주사위 눈의 합 놀이

● 2개의 주사위를 던져 눈의 합이 10이 나오는 경우는 모두 3가지입니다. 빈칸에 알맞은 수를 쓰시오.

(4) + (6) = 10

(   ) + (   ) = 10

(   ) + (   ) = 10

주사위 눈의 합 놀이

- 2개의 주사위를 던져 눈의 합이 11이 나오는 경우는 모두 2가지입니다. 빈칸에 알맞은 수를 쓰시오.

(5) + (6) = 11

(   ) + (   ) = 11

주사위 눈의 합 놀이

- 2개의 주사위를 던져 눈의 합이 12가 나오는 경우는 모두 1가지입니다. 빈칸에 알맞은 수를 쓰시오.

( ) + ( ) = 12

주사위 눈의 합 놀이

- 2개의 주사위를 던졌을 때 나올 수 있는 눈의 합의 종류를 모두 쓰시오.

(2), (3), (4), (5),

(6), (7), (8), (9),

(10), (11), (12)

주사위 눈의 합 놀이

● 2개의 주사위를 던졌을 때 눈의 합이 12가 나오는 것은 몇 가지인지 쓰시오.

눈의 합
- 2 ………………… 1 가지
- 3 ………………… 2 가지
- 4 ………………… 3 가지
- 5 ………………… 4 가지
- 6 ………………… 5 가지
- 7 ………………… 6 가지
- 8 ………………… 5 가지
- 9 ………………… 4 가지
- 10 ………………… 3 가지
- 11 ………………… 2 가지
- 12 ………………… ( ) 가지

★2개의 주사위를 던져서 합이 나오는 게임을 할 때 7이 가장 많이 나옵니다.

한번풀고 버리는 공책

한번공 수학

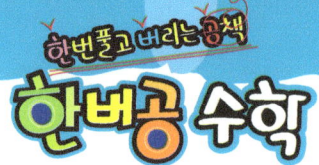

해답과 풀이

주사위 눈의 합 놀이 02쪽

1, 2, 3, (4), (5), (6)

주사위 눈의 합 놀이 03쪽

(1) + (1) = 2

주사위 눈의 합 놀이 04쪽

(1) + (2) = 3

(2) + (1) = 3

주사위 눈의 합 놀이 05쪽

(1) + (3) = 4

(2) + (2) = 4

(3) + (1) = 4

주사위 눈의 합 놀이 06쪽

(1) + (4) = 5

(4) + (1) = 5

(2) + (3) = 5

(3) + (2) = 5

주사위 눈의 합 놀이 07쪽

(1) + (5) = 6

(5) + (1) = 6

(2) + (4) = 6

(4) + (2) = 6

(3) + (3) = 6

주사위 눈의 합 놀이 8쪽

(1) + (6) = 7

(6) + (1) = 7

(2) + (5) = 7

(5) + (2) = 7

(3) + (4) = 7

(4) + (3) = 7

주사위 눈의 합 놀이 9쪽

(2) + (6) = 8

(6) + (2) = 8

(3) + (5) = 8

(5) + (3) = 8

(4) + (4) = 8

주사위 눈의 합 놀이 10쪽

(3) + (6) = 9

(6) + (3) = 9

(4) + (5) = 9

(5) + (4) = 9

주사위 눈의 합 놀이 11쪽

(4) + (6) = 10

(6) + (4) = 10

(5) + (5) = 10

주사위 눈의 합 놀이 12쪽

(5) + (6) = 11

(6) + (5) = 11

주사위 눈의 합 놀이 13쪽

(6) + (6) = 12

주사위 눈의 합 놀이 14쪽

(2), (3), (4), (5),
(6), (7), (8), (9),
(10), (11), (12)

주사위 눈의 합 놀이 15쪽

12 · · · · · (1)가지

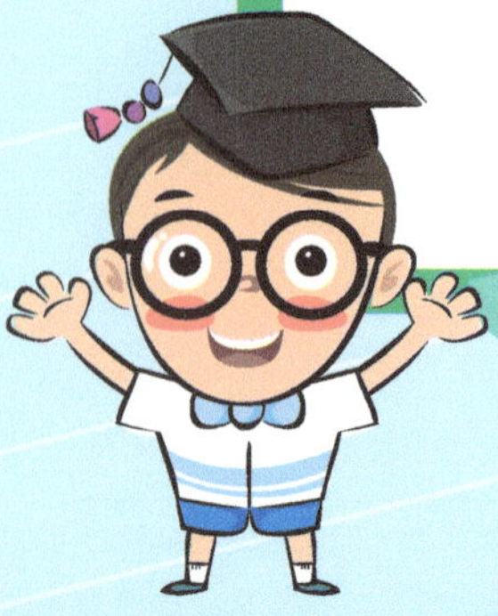

둘레 비교하기

● 아래 도형의 둘레를 구하시오.

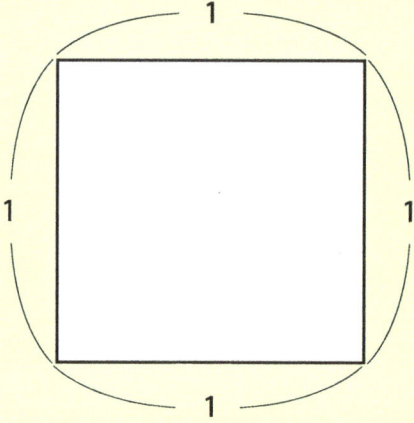

둘레 : 1+1+1+1=(   )

둘레 비교하기

● 아래 도형의 둘레를 구하시오.

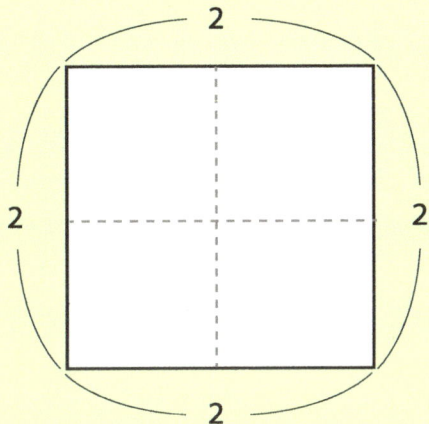

둘레 : 2+2+2+2=(   )

둘레 비교하기

● 아래 도형의 둘레를 구하시오.

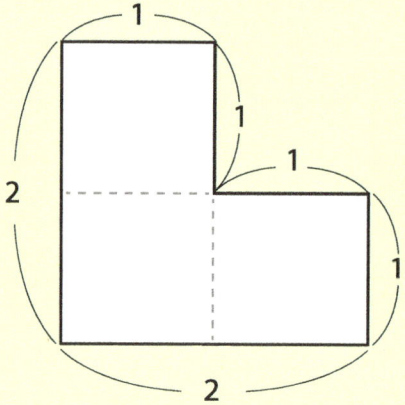

둘레 : 2+2+1+1+1+1=(   )

둘레 비교하기

● 아래 도형의 둘레를 각각 구하시오.

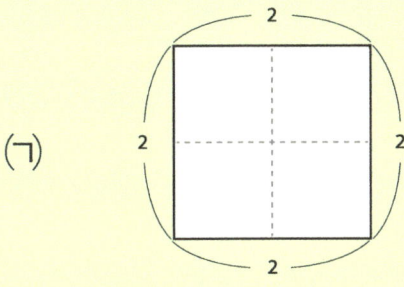

둘레 : 2+2+2+2=(   )

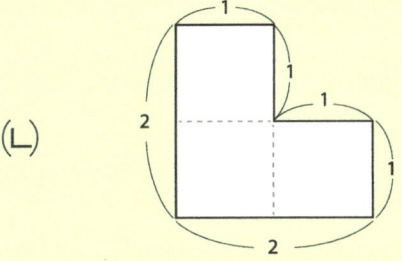

둘레 : 2+2+1+1+1+1=(   )

● 어느 도형의 둘레가 긴가요? 맞는 것에 ○표 하시오.

① ㉠ (   )   ② ㉡ (   )   ③ 같다 (   )

★넓이는 다르지만 도형의 둘레는 같을 수 있습니다.

둘레 비교하기

- 아래 도형의 둘레를 각각 구하시오.

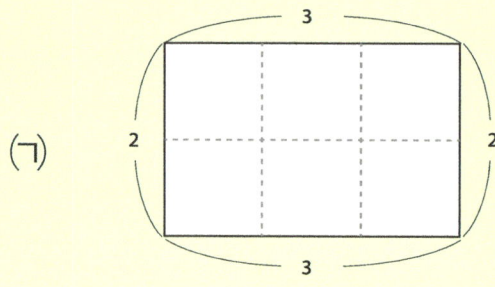

둘레 : 3+3+2+2=(   )

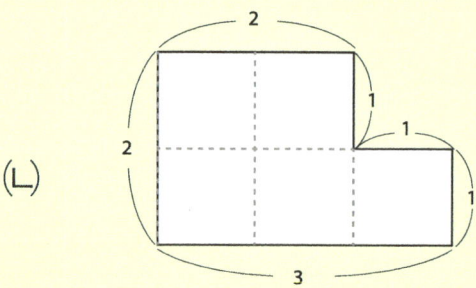

둘레 : 3+2+2+1+1+1=(   )

- 어느 도형의 둘레가 긴가요? 맞는 것에 ◯표 하시오.

① (ㄱ) (   )   ② (ㄴ) (   )   ③ 같다 (   )

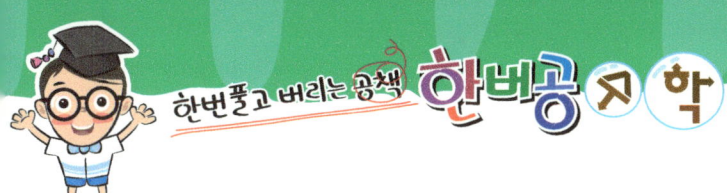

둘레 비교하기

● 아래 도형의 둘레를 각각 구하시오.

(ㄱ)
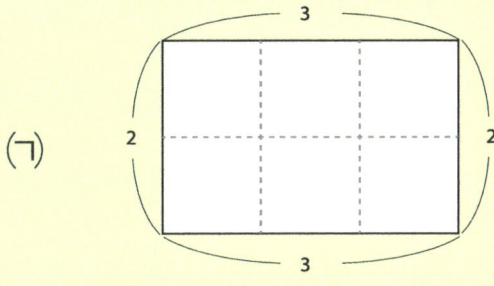

둘레 : 3+3+2+2=(　　　)

(ㄴ)
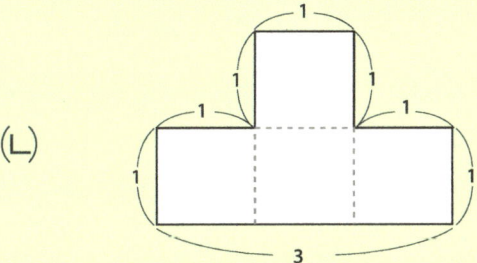

둘레 : 3+1+1+1+1+1+1+1=(　　　)

● 어느 도형의 둘레가 긴가요? 맞는 것에 ○표 하시오.

① (ㄱ) (　　)　　② (ㄴ) (　　)　　③ 같다 (　　)

7

둘레 비교하기

- 아래 도형의 둘레를 각각 구하시오.

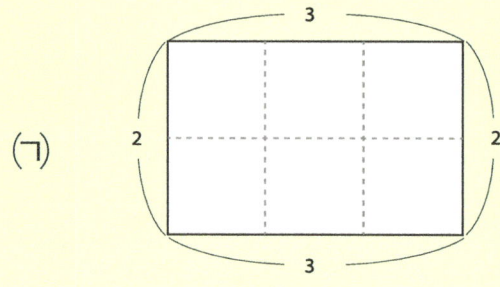

둘레 : 3+3+2+2=(　　)

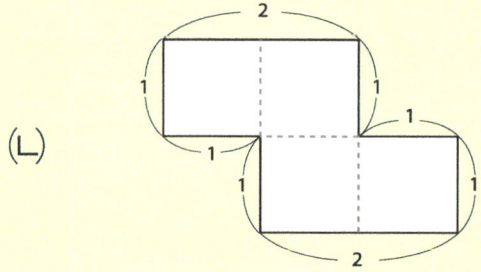

둘레 : 2+2+1+1+1+1+1+1=(　　)

- 어느 도형의 둘레가 긴가요? 맞는 것에 ○표 하시오.

① (ㄱ) (　　)　　② (ㄴ) (　　)　　③ 같다 (　　)

둘레 비교하기

● 아래 도형의 둘레를 각각 구하시오.

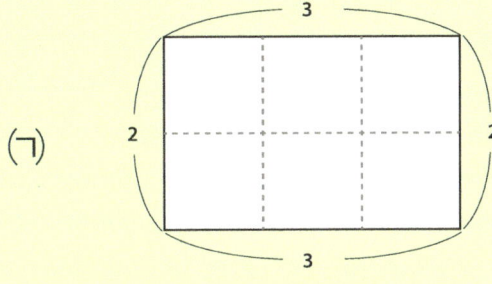

둘레 : 3+3+2+2=(   )

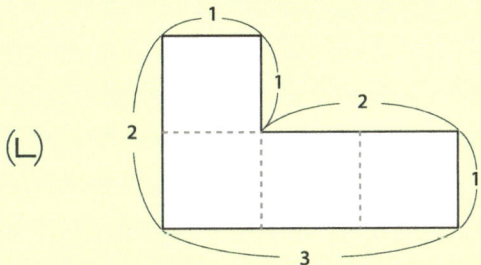

둘레 : 3+2+2+1+1+1=(   )

● 어느 도형의 둘레가 긴가요? 맞는 것에 ○표 하시오.

① ㄱ (   )   ② ㄴ (   )   ③ 같다 (   )

둘레 비교하기

● 아래 도형의 둘레를 각각 구하시오.

㈀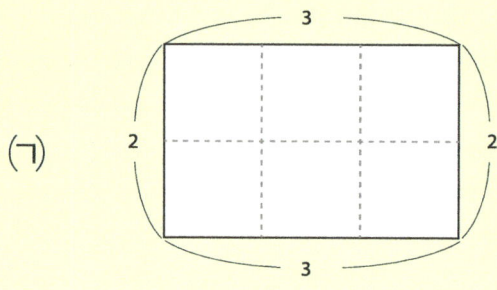

둘레 : 3+3+2+2=(   )

㈁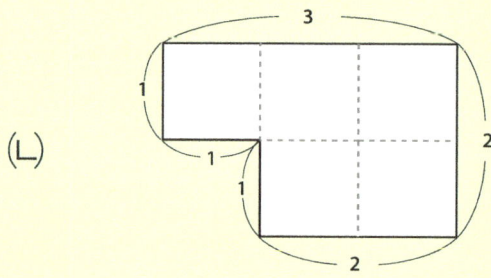

둘레 : 3+2+2+1+1+1=(   )

● 어느 도형의 둘레가 긴가요? 맞는 것에 ○표 하시오.

① ㈀ (   )   ② ㈁ (   )   ③ 같다 (   )

둘레 비교하기

● 아래 도형의 둘레를 구하시오.

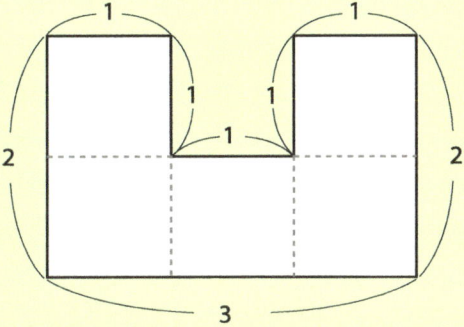

둘레 : 3+2+2+1+1+1+1+1=（　　）

둘레 비교하기

- 아래 도형의 둘레를 각각 구하시오.

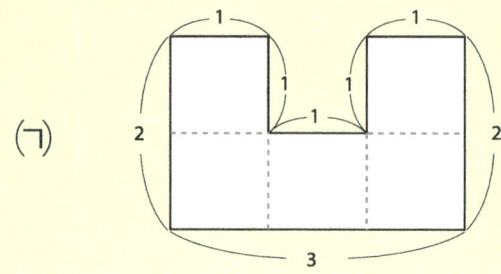

(ㄱ)

둘레 : 3+2+2+1+1+1+1+1= (   )

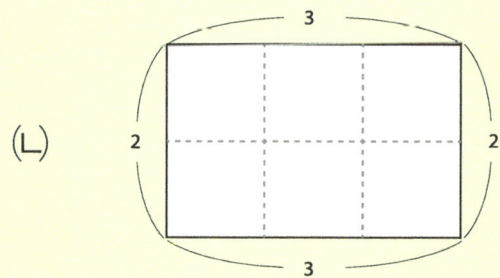

(ㄴ)

둘레 : 3+3+2+2= (   )

- 어느 도형의 둘레가 긴가요? 맞는 것에 ○표 하시오.

① (ㄱ) (   )   ② (ㄴ) (   )   ③ 같다 (   )

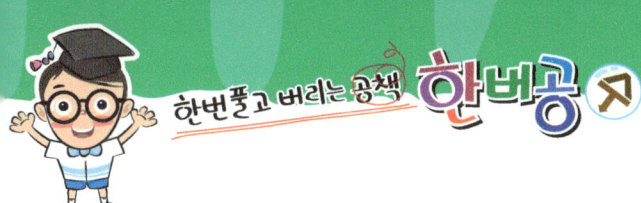

둘레 비교하기

● 아래 도형의 둘레를 각각 구하시오.

(ㄱ)
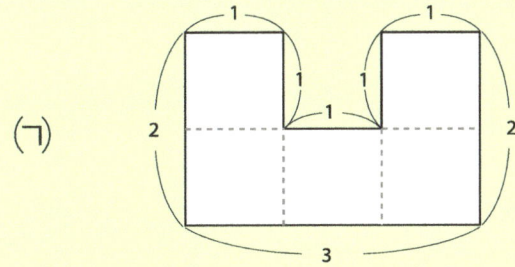

둘레 : 3+2+2+1+1+1+1+1 = (   )

(ㄴ)
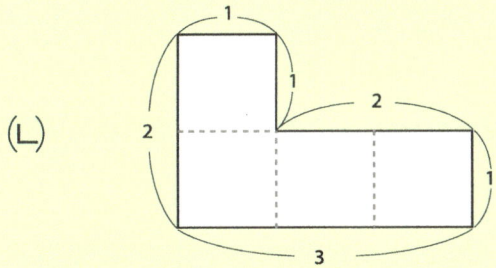

둘레 : 3+2+2+1+1+1 = (   )

● 어느 도형의 둘레가 긴가요? 맞는 것에 ○표 하시오.

① (ㄱ) (   )   ② (ㄴ) (   )   ③ 같다 (   )

둘레 비교하기

- 아래 도형의 둘레를 각각 구하시오.

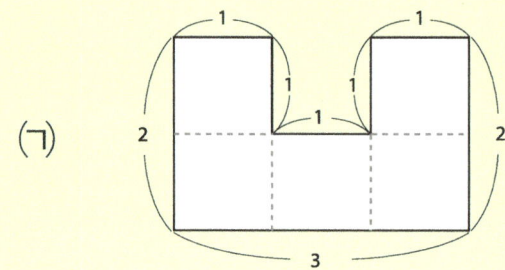

(ㄱ)

둘레 : 3+2+2+1+1+1+1+1= (   )

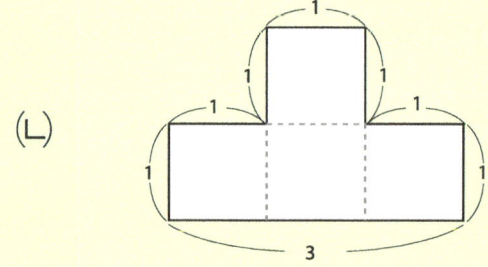

(ㄴ)

둘레 : 3+1+1+1+1+1+1+1= (   )

- 어느 도형의 둘레가 긴가요? 맞는 것에 ○표 하시오.

① (ㄱ) (   )   ② (ㄴ) (   )   ③ 같다 (   )

둘레 비교하기

● 아래 도형 중 둘레가 가장 긴 것에 ○표 하시오.

① ( )

② ( )

③ ( )

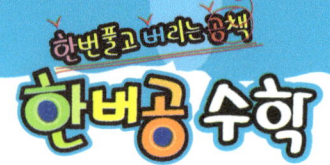

해답과 풀이

둘레 비교하기 02쪽

1+1+1+1=(4)

둘레 비교하기 03쪽

2+2+2+2=(8)

둘레 비교하기 04쪽

2+2+1+1+1+1=(8)

둘레 비교하기 05쪽

㈀ 2+2+2+2=(8)

㈁ 2+2+1+1+1+1=(8)

③ 같다 (○)

둘레 비교하기 06쪽

㈀ 3+3+2+2=(10)

㈁ 3+2+2+1+1+1=(10)

③ 같다 (○)

둘레 비교하기 07쪽

㈀ 3+3+2+2=(10)

㈁ 3+1+1+1+1+1+1+1= (10)

③ 같다 (○)

둘레 비교하기 08쪽

㈀ 3+3+2+2=(10)

㈁ 2+2+1+1+1+1+1+1= (10)

③ 같다 (○)

둘레 비교하기 09쪽

㈀ 3+3+2+2=(10)

㈁ 3+2+2+1+1+1 = (10)

③ 같다 (○)

둘레 비교하기 10쪽

㈀ 3+3+2+2=(10)

㈁ 3+2+2+1+1+1= (10)

③ 같다 (○)

둘레 비교하기 11쪽

3+2+2+1+1+1+1+1=(12)

둘레 비교하기 12쪽

㈀ 3+2+2+1+1+1+1= (12)

㈁ 3+3+2+2=(10)

① (㈀) (○)

둘레 비교하기 13쪽

㈀ 3+2+2+1+1+1+1= (12)

㈁ 3+2+2+1+1+1 = (10)

① (㈀) (○)

둘레 비교하기 14쪽

㈀ 3+2+2+1+1+1+1= (12)

㈁ 3+1+1+1+1+1+1= (10)

① (㈀) (○)

둘레 비교하기 15쪽

② (○)

창의력 마당수학

4-7세의 상위 10% 영재아를 위한 수학 교재

쌓기나무 놀이

 쌓기나무와 개 수세기

 쌓기나무와 모양익히기

 쌓기나무 옮기기

색깔나무 놀이

 색깔나무 위치알기

 색깔나무 수세기

 색깔나무 추측하기

스도쿠 놀이

 스도쿠 알기

 스도쿠 익히기

 색깔 스도쿠

패턴 놀이

 한줄 패턴 놀이

 비교 패턴 놀이

 회전 패턴 놀이

거울 놀이

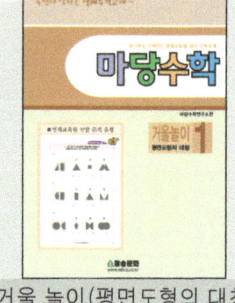 거울 놀이(평면도형의 대칭)

 거울과 숫자 한글 놀이

 거울과 알파벳 시계놀이

코딩교재

아주 쉬운 코딩 놀이는 23가지 언플러그드 활동 중심 코딩 게임 교사용 안내서입니다.

아주 쉬운 코딩 놀이

1. **카드 놀이**
   - 이진법 카드 놀이 ……… 12
   - 이진법 비밀 카드 ……… 17
   - 숫자 가리기 놀이 ……… 20
   - 숫자 퍼즐 놀이 ……… 31

2. **숫자 놀이**
   - 숫자로 그림 그리기 ……… 36
   - 짝수의 비밀 ……… 43
   - 리버시 게임 ……… 48
   - 마음속의 숫자 ……… 51

3. **네크워크 놀이**
   - 정렬 네크워크 ……… 54
   - 학교 가기 ……… 61
   - 강 건너기 ……… 72

4. **전략 놀이**
   - 바둑돌 놓기 ……… 82
   - 바둑돌 자리 바꾸기 … 87
   - 님게임 ……… 94

5. **퍼즐 놀이**
   - 무늬 블록 돌리기 ……… 98
   - 9조각 퍼즐 ……… 100
   - 3D 입체 영상 ……… 104

6. **암호 놀이**
   - 암호문 만들 ……… 108
   - 코딩 모양 타일 … 118

7. **순서도 놀이**
   - 순서도 놀이 ……… 130

8. **명령어 놀이**
   - 비행기 놀이 ……… 140
   - 공놀이 ……… 144
   - 개미 놀이 ……… 148

아주 쉬운 코딩 놀이수학 ❶

아주 쉬운 코딩 놀이 수학은 컴퓨터적 사고력을 길러주는 코딩 수학 학습지입니다.

1. 이진법 알기
2. 이진법 비밀 카드
3. 숫자로 그림 그리기
4. 짝수의 비밀
5. 정렬 네트워크
6. 학교 가기

아주 쉬운 코딩 놀이수학 ❷

아주 쉬운 코딩 놀이 수학은 컴퓨터적 사고력을 길러주는 코딩 수학 학습지입니다.

1. 바둑돌 놓기
2. 무늬 블록 돌리기
3. 암호문 풀기
4. 코딩 모양 타일
5. 순서도
6. 비행기 놀이

한버공 수학 C3

초판 발행일 : 2018년 1월 10일

지은이 : 한버공

펴낸 곳 : 청송문화사
　　　　　서울시 중구 수표로 2길 13

E-mail : kidlkh@hanmail.net

전화 : 02-2279-5865

팩스 : 02-2279-5864

등록번호 : 2-2086 / 등록날짜 : 1995년 12월 14일

가격 : 8000원

잘못 인쇄된 책은 서점이나 본사에서 바꿔 드립니다.
ISBN : 978-89-5767-322-5
ISBN : 978-89-5767-311-9(세트)

본 교재의 독창적인 내용은 저작권법에 의하여 보호받고 있습니다.